AF607311

AUNQUE YA NADA ES LO MISMO

EDUARDO MITRE

AUNQUE YA NADA ES LO MISMO

VISOR LIBROS

VOLUMEN MCCLXXVIII DE LA COLECCIÓN VISOR DE POESÍA

Cubierta: Fernando Casas. *El ojo polar*, 1980

Isaac Peral, 18 - 28015 Madrid
www.visor-libros.com

ISBN: 979-13-87745-78-3
Depósito Legal: M-19811-2025

Impreso en España - Printed in Spain
Gráficas Muriel. C/ Investigación, n.º 9. P. I. Los Olivos - 28906 Getafe (Madrid)

Y no hay razón para nada
de haber razón para tanto.

Sor Juana Inés de la Cruz

VIRACRUCIS

Nunca nos imaginamos
una Cuaresma de Pascua
reducida a cuarentena
que se alarga y alarga.

Escribo con las dos manos
sedientas de contacto,
esperanzadas de estrechar
algún día tus manos.

Miro hacia el parque:
Los columpios vacíos,
huérfanos de niños
mañanas y tardes.

Me asomo a la verja,
amapolas y tulipanes.
Me contengo
temeroso de contagiarme.

Tendido en la acera, raída
su chaqueta de cuero,
de bruces, como tosiendo…
Cierro la cortina.

Nada en la casilla de correo.
En el pasillo, la nueva vecina.
Embozados, nos miramos
sin cruzar palabra ni gesto.

Leo la prensa en pantalla,
doy la vuelta al mundo
en una sucesión de ambulancias
y ataúdes.

Viernes Santo. Sábado Santo.
Domingo de Resurrección
y continúa el calvario.

Miedo a que el desconocido
nos gane con tanto cerco,
y nos imponga el hábito
del recelo y el aislamiento.

No, no se muestra,
pero está aquí, a un paso,
a un roce, a un suspiro,
sin más cara que las nuestras.

Y ahora dónde andará ella.
(¡Hace no tanto tiempo!).
Donde quiera que sea,
que no salga,
que se quede en casa
(el amor era el vestido
que mejor le quedaba).

Da mi reloj mediodía,
hora de la clase telemática.
Toca Sor Juana Inés,
platicamos sobre su vida
de monja en clausura,
de su pasión por las ciencias,
los astros y la escritura,
y de su agónica muerte
en la feroz epidemia
que azotó su convento.

Leemos
sus cartas, las redondillas,
sus sonetos y romances
de amor sin sosiego,
y las últimas líneas
de *Primero Sueño*
con el mundo iluminado
y ella despierta.

Termina la clase. Una tras otra
nuestras imágenes se borran.

El breve esplendor del ocaso,
abro la ventana, entra
una bandada de aplausos
y, súbitamente emocionado,
hacia afuera grito:
¡Ánimo,
todos a una! Y científicos
¡A inventar la vacuna!

Ya mediados de mayo,
la esperanza flaquea,
y él sigue su marcha
sin nada que lo detenga.

Alzo la vista al cielo:
millares de estrellas
siento que nos observan
como por un microscopio.

Pero no… Estamos solos
en la Tierra indefensa, ultrajada,
con ciudades en que propagan
la viruela del desempleo.

Me protejo, me parapeto
con libros y música:
Pessoa, Walt Whitman,
la voz de Mercedes Sosa…

Y propenso a los motivos
de cotidiano asombro,
imagino hombres y mujeres
caminando por las calles,
de la mano, abrazándose,
y sobre parques colmados
el júbilo de los columpios
rizando el aire.
                    Anochece,
caigo dormido. De pronto,

estoy en Manhattan, huyendo
descalzo por avenidas sin nadie,
repletas de barbijos y barro.

La luz toca mis párpados,
me desclava de la pesadilla,
y piso el mundo frágil,
volátil como los sueños.

FORT GREENE PARK

Entro en el parque apacible
como sus árboles sin viento.

A la sombra del más alto,
un grupo de niñas
en una sesión de kárate
patean, golpean el aire
que entra y sale
de sus pulmones intacto.

Me tiendo en el césped,
me sumerjo en el *Agua viva*
de Clarice Lispector,
y me arrebata su marea de instantes
suspendidos como la cresta
de la gran ola de Hokusai.

De pronto, una tras otra, ululantes
ambulancias como ráfagas.
Trato de imaginar
a quienes van dentro
con los pulmones suplicando
bocanadas de aire.

Respiro hondo, con miedo al contagio,
me ajusto el barbijo y salgo,
salimos, con la oscuridad
pisándonos lo talones.

En las calles, un viento frío
comienza a despoblar
el follaje de los árboles.

CUARENTENA

Qué será de los Goya y los Greco,
de los segadores de Brueghel el Viejo
y de las jóvenes guapas y sanas de Vermeer,
ahora que no podemos entrar a verlos.

Qué será de los guardias
que, pacientes como porteros,
a uno tras otro indicaban
la sala y el pasillo hacia ellos.

Y qué de los guías que al margen
de tanta belleza elocuente,
animosos nos revelaban
el oro de los detalles.

Qué será del museo este tiempo
vedado a nuestros ojos,
navegando días y noches solo
con tanto tesoro dentro.

VERANO 2020

Días cada vez mas cálidos,
pero no hay piscina ni playa
sino para unos cuantos.

Extraño la penumbra de los cines,
la luz de la pantalla
que iluminaba
como un relámpago
caras jóvenes y ancianas,
el murmullo, la tos,
las risas y lágrimas
de los espectadores.

Tantas cosas elementales
ayer dadas por supuesto,
hoy del otro lado de la zanja,
vueltas inalcanzables.

Da miedo acostumbrarse
poco a poco a su falta,
como si el desconocido
nos mostrara otra prueba
de nuestra radical contingencia.

TANTAS COSAS

Tantas cosas que estaban
a punto de suceder,
queriendo ser ya
plenas, reales.

Cosas sencillas como
el encuentro con una amiga
en el parque Bryant,
la presentación de un libro,
su lectura en soledad
o en amorosa compañía.

Cosas sin siquiera el olvido
hechas tabula rasa,
pues no hay memoria
de lo que no ha sucedido.

Y las pobres palabras
ansiosas de presenciar
lo que iba a suceder,
otra vez chasqueadas,
arrinconadas en el silencio,
mirándose unas a otras
sin tener nada que contar.

SPLEEN

¡Ventanas ya como las de un presidio!
En vano ir de una a otra
esperando ver pasar
el autobús amarillo
repleto de niños.
Ni menos a las ardillas
que hace meses no se aparecen
pues seguro que las muy listas
saben bien lo que nos sucede:
calles, parques, estadios,
salas y salones vacíos,
días iguales a sí mismos
bajo un sol alto y pálido
como un anestesiado,
y en las pantallas disparándose
el número de víctimas
y cuerpos arrojados al fuego,
y en el sótano, desvalida
la pelota de fútbol,
acaso soñando con el césped
en el gélido cemento.

PESADILLA

Me derrumbo en el sueño
y atravieso túneles y túneles,
pero no doy como antes
a la plaza Colón
ni a la Iglesia del Hospicio
ni a mi antigua casa
sino a las calles de Quito
repletas de agonizantes.
Los esquivo y se quedan
arañando paredes,
puertas cerradas con llave
y huyo como un loco.

Es una carretera con un letrero:
Manaos. Ansioso
emprendo el trayecto y llego
sudando, extenuado,
y me arrimo
a una fila interminable
para un balón de oxígeno.
Soy el último, y trato
de ponerme delante
y avanzo pisando
ancianos, mujeres, niños.

Me cercan coches de la policía,
me detienen, me esposan
y amenazan con enviarme al África
donde la pandemia hace estragos.
Pero logró zafarme, corro
y salto sobre una zanja
y caigo a un pozo sin fondo
hasta que la voz de mi mujer
me despierta y rescata

y escucho otra vez
la sirena de las ambulancias
que pasan cortando
como una navaja
el silencio del amanecer.

MANOLO MOLINA

Te veo pasar
con un libro de Kant
bajo el brazo, de prisa,
como Van Gogh
camino de Tarascón.

Y desplazándote en familia
por ciudades y provincias,
con la chispa del humor
destapando el champán de la risa:
antídoto a nuestra angustia
y melancolía.

Manolo, Manolo Molina,
Manolo Molina Pablos,
hijo de españoles republicanos
exiliados en Bolivia,
amigo de tanta vida.

Imagino tu viacrucis
en la espantosa noche,
el maligno agostando
cada vez más las vías
del aire a tus pulmones,

y el desespero de Cecilia
a tu lado, en el coche,
recorriendo las desiertas
calles de Cochabamba
de una clínica a otra —todas
con las puertas cerradas.

Mas a pesar de todo, no descendamos
al pozo de la desesperanza.
Subamos, Manolo,
al Mirador de las Remembranzas.

Es un domingo soleado,
la mesa está servida
en el patio de tu casa,
a la sombra del molle.
Resbalan, saltan como chiquillas
una tras otra las habas.
Delante: el quesillo recién nevado.
Manjar del cielo, llega
la trucha salmonada del Lago
(golosa la mano duda
entre el limón y la llajua)
con el vino blanco que fluye
como el diálogo
y la dicha de estar juntos.

¡Oh noches amables hasta el alba,
noches que nos juntaban
con Violeta Parra, Chico Buarque,

la Chavela Vargas…
Y en la voz formidable
de Fernando Fernán Gómez
los proverbios y cantares
de Antonio Machado.

No, no nos escribíamos cartas
ni con la llegada del internet.
Pero los años de ausencia
se borraban en un santiamén
en la gracia de los reencuentros.
Y todo se continuaba
naturalmente,
como reíamos ayer.

Tu amistad, puerto seguro,
vino tinto que en la bodega
de los afectos fiel guardabas,
y bálsamo en mis asuntos
de amor oscuro,
difícil o imposible.

A veces, de pronto,
en el silencio de mi cuarto
o el bullicio de la calle,
oigo en mi memoria
tu silbido inconfundible,
y escucho la puerta que se abre,
tus pasos ya en el pasillo
y el júbilo que se desata

en las dos alas de la casa
mientras subes las gradas.

Y te cuento, Manolo,
que este viernes, de madrugada,
recibimos por fin la vacuna.
Sentí un gran alivio
que, al pensar en ti
mientras amanecía,
se tiñó de culpa.
Por suerte, viniste anoche
en mi sueño, sonriente,
jugando con tu llavero,
y me dijiste:
«No seas tonto, habibi.
Es ese bicho que asola el planeta
con ayuda de los malos gobiernos.
Más bien dime tú,
dónde andas ahora
y qué estás escribiendo».

Sigo en Brooklyn, Manolo,
este instante en el parque Fort Greene
del que la otra tarde te vi salir,
cruzar a una esquina y dar la vuelta
hacia una calle desconocida.
Fui enseguida a tu encuentro,
pero tú, ligero como un ángel,
apuraste el paso
para que no te diera alcance.

Mesero aun en casa de la poesía,
aquí, Manolo, te ofrezco
una mesa para toda la familia,
y para ti, como antes, una silla
entre el Jorge Zavala
y la tía Alcira.

Anímate de una vez
y reanimamos a todos,
pues como a César Vallejo
su hermano Miguel,
nos haces una falta sin fondo.

Bueno, Manolo, por si acaso te tardas,
te dejamos la cena en un plato
tapado en la cocina.
Solo tienes que calentarla.

Pero mañana, domingo de Pascua,
por favor, no nos falles.
Date tiempo y modo
para estar con nosotros,
despertarnos de esta pesadilla
y contigo de nuevo
morirnos de risa.

… De la demencia y del furor humanos.

José María Heredia

LA INSOMNE

Los perpetuos horrores de este mundo.
«Mi ventana en Brooklyn»

Todas las noches de este marzo apocalíptico,
conteniendo su llanto para no despertarme,
mi ventana en Brooklyn
ha presenciado, mientras yo dormía,
la invasión del ejército ruso
a Ucrania martirizada.

Y hoy, al amanecer, exhausta,
cubierta de luto y desesperanza,
me ha dicho que si todavía deseo
contemplar las mañanas
y, a la luz que ella encauza,
seguir escribiendo,

mejor me asome a otra ventana,
que ella ya no puede con el dolor
de tantas vidas rotas o desterradas,
y que solo ansía dormir
sin dar a ver ni oír
a nadie nunca más nada.

ELLOS

Qué será de ellos, acostumbrados
al amplio espacio
donde se balanceaban
en sedoso silencio
hacia las ramas del júbilo.

Qué será de ellos, ahora cercados
en el estruendo y el humo
de ciudades arrasadas,
puentes deshechos,
hospitales en pánico, tanques,
misiles y muertos por todas partes.

Qué será de tantos niños
huyendo con sus madres y nanas
camino del exilio.

Suspendidos en el espanto,
paralizados por el abandono,
los columpios de Ucrania.

EL MIGRANTE

Soy uno de tantos, y en sueños
aun me veo subiendo y bajando
colinas, lomas, cerros,
pasando por parajes inciertos,
cruzando ríos, lagos,
con el agua hasta el cuello
y el hijo, apenas bebé,
entre mis manos en alto,
y atrás mi esposa, la pobre,
socorriendo a su madre,
y el asedio del hambre, la sed,
y el miedo a ser descubiertos
por la migra y sus perros,
y luego de semejante calvario
el pánico de la repatriación
a la puta patria que nos parió.

CUERPO EN PENA

No hallé cosa en que poner los ojos…
FRANCISCO DE QUEVEDO

Iba delante por la calzada,
una mano apoyada en el bastón,
la otra a la espalda.
Llegó al buzón
y, temblando,
echó una carta.

La seguí con la mirada
hasta que, ya de vuelta,
tomó por fin el ascensor.
Aliviado, retomé el paso.

Mas pese a las mujeres
que pasaban sonrientes,
y a la granizada de niños
que salían de la escuela
avivando con sus gritos
la tarde espléndida,

no hallé cosa en que ocupar mi mente
que no fuese el recuerdo de ella,
tan solita al cruzar a la otra acera,
a cada paso tan a punto de caerse.

PANDÉMICAS

Marzo 2022. Escribo con mano
cada vez más temblorosa
la horrible esdrújula
Ómicron.

Es otro y el mismo, bola de ventosas,
terco como roca de Sísifo,
comején en el aire
de nuestros pobres pulmones.

El reencuentro entusiasta
con mi vecina en el pasillo.
Nos estrechamos los codos
y comparamos barbijos.

Día soleado. Salgo a la calle,
se detienen a cada paso
para besarse. ¡Salve, osadas
parejas jóvenes, salve!

Mi mujer dormida,
respira, suspira, se queja…
Y nos cubre la oscuridad
con su manto de enigmas.

Semana Santa. No hay
Domingo de Resurrección
sino la diaria crucifixión
de Ucrania martirizada.

La pandemia, la guerra,
las hambrunas del África.
¡Como si fuéramos Atlas
o no tuviéramos alma!

Tarde gris en Manhattan.
Tras doblar una esquina,
la luna y un mendigo.
Levanto la vista.

Corazón de la Vía Láctea:
un inmenso agujero negro.
Miedo a que nos atraiga,
absorba y reduzca a la nada.

Pero mejor detenernos aquí,
pues ya es de madrugada
y las amorosas palabras
igual necesitan dormir,

aunque ellas y ellos siguen aun
en hospitales y carpas
vacunando a uno tras otro,
guardianes de nuestra salud.

OTRA VEZ

¡Sí, son ellos! Han vuelto
tras dos años de cautiverio,
recluidos en el tedio
del comedor, la sala, el dormitorio;
mañanas y tardes
mirando, solos, por la ventana
la calle desierta,
el parque vacío,
el fantasma de un amigo.

Y lejos, arrancados del parque,
sus asientos de vuelo,
dispersos, desmembrados,
reducidos a tablas,
a pedazos de caucho,
vaya Dios a saber
en qué galpones,
en qué limbos
de oscuridad y silencio.

Pero han vuelto,
y están otra vez juntos
rizando el aire,
rozando la tierra y el cielo,

palomares de júbilo
los columpios
de pronto resucitados.
Aunque ya nada es lo mismo.

RETOMANDO EL METRO

El descenso al andén donde aguarda
una hilera de rostros embozados
como la continuación de un mal sueño.
Pasos firmes en la memoria
los versos de Ezra Pound:
These faces in the crowd
Petals on a wet back bough.

Apenas entrar en el vagón
el insoportable olor a orín y alcohol
del vagabundo tumbado
a lo largo del asiento,
y el salto atrás, justo para pescar
otro compartimento.

Alguien tose y de inmediato
parten miradas como dardos
a la caza del culpable.
Pero hay ojos que se sonríen
con una callada gratitud
por estar aun vivos, si no juntos.

Y hay la mujer sentada delante
que, sin saberlo, inaugura

el instante de la contemplación:
su cabellera solar que cae
sobre sus hombros, en una mano
el celular que la absorbe
y la blusa amarilla
que dibuja sus pechos jóvenes.

Pero ya tantas estaciones
y ninguna mirada suya
que se cruce con la mía
y apacigüe el enigma de sus ojos,
ni la textura de sus labios
ocultos por la mascarilla.
Ni menos aún su voz que me tienda,
como un puente, su nombre.
Solo su imagen intocable
que me sigue y acompaña
por avenidas y calles
como un consuelo sin esperanza.

TRAS SALIR DEL METRO

Cómo camina por avenidas y calles
en Manhattan y Tokio,
en México y Buenos Aires…
Cómo camina la luz
por todas partes
sin empujar a nadie.

CON SOR JUANA

El parque, un libro, la tarde.

De súbito, irrumpe una legión
de muchachos y muchachas
coreando consignas,
portando pancartas:

Black Lives Matter
Respect LGBT Human Rights

Marchan hacia el centro…
Dos de ellas se rezagan
y sigilosamente se cobijan
a la sombra de un haya.

Se contemplan, se acarician
y, urgidas por el deseo,
se bajan las mascarillas
y se aúnan en un largo beso.

(Yo las atisbo por encima
de las páginas en que van
los romances y sonetos
a María Luisa Gonzaga).

Enseguida se alejan
tomándose de la cintura.
A la salida paran un taxi
y las pierdo de vista.

Anochece. Cierro el libro
y vuelvo a casa.
En mi cuarto, por la ventana
el cielo estrellado.

Sin poder conciliar el sueño,
imagino el convento, la celda,
su biblioteca, la pluma, el tintero
y su mano que escribe enamorada:

Ser mujer ni estar ausente
no es de amarte impedimento,
pues sabes tú que las almas
distancia ignoran y sexo.

EN SUTICOLLO

¡Qué sencillez! Una soga larga,
doblada como la U: el columpio.
Y ella, sentada al centro,
vestida de domingo
con su blusa bordada
y la pollera dócil a la brisa.

Ella, empleada cama adentro,
absorta en el vaivén subibaja,
sintiendo en los hombros
el aleteo de sus trenzas
entre molles y sauces,
toda la tarde para ella
sin tener que lavar ropa,
platos, sartenes, ollas…
Por fin lejos de la ciudad,
impulsada por su galán,
cada vez más alto, riéndose
para ahuyentar el miedo
y seguir balanceándose
hasta llegar aquí y estarse
junto a su madre
moliendo llajua
en el batán.

MARSELLA

¡Oh voz de la ciudad, voz de la madre!

HÖLDERLIIN

Marseille, Marsella, qué privilegio
decir tu nombre
en tu lengua y la mía,
y caminar por primera vez
entre tus gentes, tus calles,
puertos y orillas.

No lo aprendí en la escuela
sino de labios de mi madre
que al contarnos su travesía
de Belén a Bolivia, nos decía:

«Entonces, Marseille, hijos, Marseille,
y luego París tan linda
y después un barco enorme
de un puerto que ya no recuerdo».

Subo temprano a la cima
coronada por tu basílica,
contemplo en la penumbra
sus arcos y columnas

vivos como una cebra,
y a la Virgen y el Niño
hace tiempo bronceados
bajo tu espléndido sol.
Solo les pido salud
y culminar bien esta ofrenda.

El círculo de la esplanada,
observatorio ideal
para tu horizonte de cerros,
colinas y pinares,
y nubes que se vuelven velas
bajo tu cielo íntimo
como un nadador
zambulléndose despacio en el mar.

Y una tarde, ensenadas del asombro,
música para los ojos tus aguas
azules, celestes, esmeraldas…
Y labradas por el tiempo,
por la lluvia y el sol pintadas
tus rocas majestuosas
dioses pálidos que no pasan.

En víspera de la partida,
paseo por tu Puente Viejo,
miro las barcas de los pescadores
quietas bajo la alta noche.
Recia como una gran ola resuena
la algarabía de jóvenes

inocentes o ajenos
a los barrios del hambre
atados a la sombra y la droga.

De pronto, escucho cada vez más cerca
millares de voces migrantes,
bandadas de nombres y apellidos
que aletean como gaviotas
buscando las costas de otros labios,
y contemplo abrazos de bienvenida,
manos y pañuelos que se agitan
enjugando las lágrimas de los adioses,
y junto a su esposo en la cubierta,
lista para desembarcar, de paso por ti
hacia un rumbo desconocido
la adolescente palestina
amamantando a su niño
bajo las atónitas estrellas.

Marseille, Massalia, Marsella,
madre de mar y roca,
seas en todas las eras
y en todas las lenguas.

BOUSSAD

No sabíamos que los ángeles
frecuentaban los aeropuertos.
Con él lo aprendimos.

No tenía aura de santo sino
las manos abiertas
y el corazón dispuesto
para guiarnos
abriéndonos paso
entre el tropel de viajeros.

Argelino, alto, espigado,
mientras nos conducía en su coche
le dije dos o tres frases en árabe
aprendidas de mi madre,
y en el aire se dibujó su sonrisa
como la firma de su amistad.

En la Gare de Lyon
después de instalarnos
en el tren a Marsella,
nos despedimos.

Ya de vuelta en Brooklyn
una mañana radiante
(en París serán las 4 de la tarde)
lo imagino en el aeropuerto
solícito y sereno.
Y me pregunto a quién, a quiénes
nuestro amigo Boussad
estará a punto de aparecerse.

BALADA DEL TIEMPO

Pasa el tiempo invisible como pasaba
delante de mi perro.
Mi perro que lo buscaba
parado en la calle
mirando a una y otra parte
¿sin nunca verlo?

Pasa el tiempo intocable,
en absoluto silencio
sin más sonido
que el ruido que hacemos.

Pasa a nuestras espaldas
mientras dormimos,
y en el latido del corazón
a nuestro lado.

Pasa sin tacto
por las caras de los ancianos,
por el álamo añoso,
por el caparazón de la tortuga
inocente de los símbolos
que le pusimos encima.

Insípido, pasa por los naranjos,
el parral y los limoneros,
por la rosa y todas las flores
que por él se desmayan
pétalo tras pétalo.
Pasa, delicioso, en el higo
que estoy partiendo.
Y lento como un paralítico
en el dolor que nos roba
todo sentido.

Inmune a todo virus
y a toda vacuna pasa,
y no hay más remedio
que dejarlo pasar.

Detenerlo sería un suicidio.

RONDA

Rodeado de tizas de colores
como los tres niños en el patio,
me he sentado a mi escritorio
a pintar el horizonte.

Pero a mí no me sale,
el azul del cielo pronto
se cubre de nubes grises
y el amarillo del sol
se vuelve acuoso.

Y así, poco a poco,
me voy quedando solo
frente a un horizonte en blanco,

mientras el negro permanece
de pie, rodeándome
inmóvil y silencioso.

ESCRIBÍ EN SUEÑOS

Escribí en sueños el poema
que justo deseaba
añadir a este libro.

Me llenó de alegría haberlo escrito.
Incluso llevaba ya título:
el que va arriba.

Y aunque no sé lo que decía,
recuerdo que eran cabales
su forma y contenido.

Muy de mañana, a medida
que la luz me fue despertando,
ardió en silencio un verso tras otro.

Antes del mediodía
recogí las cenizas del escritorio.

BALANCE

Al final, lo hizo bien,
ostentó como un niño
su laboriosa vejez.

VÍSPERA

Bajo un cielo plomizo como los techos
de las casas mineras de Oruro,
camino muy entrada la tarde
por la avenida DeKalb en Brooklyn.
Ni una hoja ya en el ramaje
de sus árboles magníficos;
todas en el suelo, ateridas y secas
crujiendo como si pidieran auxilio.
Una palada de viento las arrastra
y estrella contra las paredes
y el basurero. Qué pena, me digo,
las hijas más bellas del otoño.

Por suerte escucho el celular que vibra
y zumba en el bolsillo de mi camisa.
Es mi hijo que me invita a cenar juntos
y ver esta noche el partido de futbol.
Llego a la esquina,
aguardo la luz del semáforo
y expectante y ufano
como de la mano de mi madre cuando niño,
cruzo la calle y este crepúsculo
camino de mis ochenta años.

Están ahí, en la luz,
en paz con su forma,
no deseando
ser otra cosa.

«Paréntesis», Mirabilia

LA CEBRA

Nadie escritura como ella.
Tiza y pizarra, página y tinta
su piel cubierta de líneas
que atravesaron las eras.

Su nombre: dos sílabas claras
que juntas dan a entrever
las llanuras del África,
su familia y el harén.

Descubrimos su imagen insólita
en los álbumes de la infancia,
y la vimos en varios países,
a menudo entre rejas, nostálgica.

Pasa por mi memoria su cuerpo
esbelto, se detiene, me observa,
y no hallo sino el silencio
que diga su enigmática belleza.

A veces, en los portales del sueño
aparece, y largamente le acaricio
las ancas y el cuello, pidiendo
que su estirpe nunca se extinga.

Escribo a la antigua: Zebra,
y así mejor se ilumina
y cruza por estas líneas
la sombra de su presencia.

EL ARCE

Tras bajar del autobús,
poco antes de la entrada
su follaje cimbreante
del verde al amarillo al rojo.

Arriba, por entre sus ramas,
un cielo azul Titicaca.
Pero no había sol sino
una serena cascada de luz
derramándose para todos.

Entré a clase emocionado
como quien lleva un mensaje
o viene de una revelación.
No recuerdo la lección
que abarcamos, ni qué se dijo
ni si hubo preguntas o no.

A la salida, volví al sitio
donde estaba o está,
mas no aparecía.
A lo largo de la avenida
el ocaso teñía la copa de los árboles
de un morado cambiante.

Tomé el autobús de vuelta.
Rachas de viento en una parada
tendieron una alfombra de hojas secas
a los pies de los pasajeros.
Las reconocí al instante.

SOROLLA

Valencia, el mar mediterráneo.
La mujer joven y guapa
en traje de baño
largo y brilloso como una enagua,
los pliegues que la marea
entre sus muslos traza
mientras vuelve a la orilla donde
juegan niños con baldes y arena
y pasan mujeres esbeltas
cubiertas por sombrillas blancas.

A pocos pasos de ellas,
María, la primogénita,
convaleciente, cabizbaja
con su gorro negro,
replegada sobre sí misma
como si temblara de frío;
a sus espaldas
una pared de ladrillos,
y la fatiga de sus pulmones
minados por la tuberculosis.

Y con tanta luz y color
no poder hacer nada
sino retratarla.

LAS TIJERAS

Habría que ser Neruda
o Ramón Gómez de la Serna
para escribir sobre las tijeras.

O tener la pericia de mi peluquera
que cada cinco o seis semanas
me corta el pelo y acicala las cejas
sin cambiar de tijeras.

Las veo en manos de mis padres
cortando veloces como piraguas
las telas de seda; y a paso de tortuga
las gruesas como el corderoy y la pana.

Pero qué diestras y acompasadas
recorren el papel y la cartulina
recortando las orejas de la vicuña
y las puntas de una estrella.

Musas son en la cancha de fútbol:
la pelota desciende como un cometa,
el jugador se eleva, hace una tijera
y la tarde estalla de júbilo.

Inmóviles y silenciosas
imantan presencias lejanas,
así esta noche se hace mañana
y al frente de casa aparece

el sastre García de Cochabamba
que con su metro de cinta amarilla
—entre sus labios los alfileres—
sigue tomándome las medidas…

¡Y cuánto oleaje de ropa atraviesan!
No obstante, permanecen desnudas.
Con razón la costurera amiga me dijo
que a menudo le parecen amantes.

¡Ah! las tijeras del parto que nos ataron
a la vida y al amor de la madre;
y las que, forjadas a cada instante,
nos cortarán el último hilo de aire.

Speak, Memory.

V. Nabokov

FUENTE VAQUEROS, 1971

El viaje en tren de París a Madrid
con el Europass
de mi hermano Antonio.
La temeraria serenidad
al presentarlo y pasar
por guardias y controles.
No fue picardía ni bravata
sino el ansia de conocer
por fin España —tan íntima ya
en la casa de Cochabamba.

Portbou. Una camada de mozalbetes
hijos de la iglesia y el régimen,
vociferando frases soeces,
y súbitamente, abochornadas
adolescentes, jóvenes, madres
sin atreverse a decir palabra,
buscando por la ventanilla
un refugio en el paisaje.

Madrid. El hostal en Marqués de Cubas,
el rechinar del machimbrado
como en los cines de Oruro,
el cuarto todo el día en penumbras.

La visita al Museo del Prado,
nuestros ojos incrédulos
contemplando los lienzos
de Velázquez, Goya, El Greco…

El tren a Granada. El sol de agosto,
los campos de girasoles
con sus pétalos abiertos
como las pestañas del asombro.

El hotel en un barrio pobre,
el paso cansino del propietario,
su pelo pajizo, su voz ronca
por la amargura y el tabaco.
La habitación llena de luz limpia
como las sábanas y almohadas,
el comedor de pocas mesas y sillas
perfectamente alineadas.
En el desayuno atendido por él,
la pregunta por la casa de Lorca.
La paulatina entrada en confianza,
y luego, en voz baja, su historia:

Su fiel filiación republicana
como un pecado mortal,
los interrogatorios y vejámenes,
la condena a 15 años de cárcel,
y, desabotonándose la camisa,
en el pecho, marcadas a hierro,

cicatrices de letras
horriblemente legibles: VIVA FRANCO

Azarosa y resplandeciente
como una página en blanco
la Sierra Nevada,
y a la distancia, alto y extático
manantial de epifanías,
la Alhambra.

Fuente Vaqueros. Dos de la tarde,
un calor de Comala,
nuestros pasos resonando
en las calles sin un alma.
A poco, en la esquina
el bullicio de una sala de billar,
y parroquianos procaces
mofándose de nuestro afán:

«¡Hale! ¿Hay alguien aquí que sepa
dónde diablos queda en el pueblo
la casa de Lorca? Lo preguntan
estos chavales de acento raro».

A tientas, caminando en la resolana,
a punto de tocar otra, una voz tersa:
«Si buscáis la casa natal del poeta
no es esa puerta, sino aquella».

Y viniendo a nuestro encuentro
sus ojos almendrados, hermosos,
su vientre pleno, próximo
a un nuevo alumbramiento.
Y su amorosa extrañeza: ¿Pero vosotros
le conocéis también allí, en vuestro país?
—Desde luego, señora, si nos sabemos
de memoria sus versos.
De pronto, más grito que llanto,
como si reviviera su sangre
la tragedia que heredaron sus padres:
¡Estos malditos lo asesinaron!

El toque tímido a la puerta,
el creciente hervor del silencio
apagado por una voz enérgica:
«¿Quién es? ¿Qué queréis?».
La ansiosa respuesta al unísono:
«Somos nosotros, doña,
estudiantes de Bolivia, venimos
a visitar la casa de Lorca».

Los puntos suspensivos de la espera…
Un vaivén de pasos dentro
y, al instante, de blusa y pantalón negros
Isabel García Lorca,
la hermana menor del poeta;
su frente amplia, sus ojos claros,
las ojeras del ostracismo,
su cordial «Pasen, por favor, pasen…».

DE ROSE SHAPIRO

Tranquilo, poeta, no temas.
Sí, soy yo, Rose Shapiro.
De paso por tu memoria.
solo vengo a evocar contigo
nuestra amorosa amistad.
Hace ya varios años
¿recuerdas?, me pidieron
de una revista traducir al inglés
tres poemas tuyos,
y entonces nos hicimos amigos.

Una tarde, en Manhattan,
volvimos a vernos a la salida
del Instituto Cervantes.
Yo iba a visitar a mi madre
y ofreciste acompañarme.
En el camino, de improviso,
se desató una lluvia a cántaros
y en lugar de refugiarnos,
nos detuvimos, nos miramos fijo
y nos quedamos sin palabras.

Y hasta ahí nomás llegamos,
pues pese a mi promesa

de llamarte para citarnos,
no hubo reencuentro.

Tiempo después, quien sí te llamó
fue mi madre para decirte
con voz quebrada por el dolor
que yo me fui para siempre.
Y que, por favor, pasaras a recoger
el sobre que dejé para ti.

Era la poesía de Carlos Germán Belli,
editada y traducida por mí.
Imagínate mi emoción
al verla aquí, entre tus libros.

Y conservada por tu cariño
a pesar de tanta mudanza,
en un sobre lila, en tu escritorio,
reconozco mi carta de despedida
escrita en una tarjeta postal
con el autorretrato a lápiz
de Frida Kahlo. Y en la cual
(la estoy leyendo contigo ahora
sin poder cambiar nada)
con honda tristeza te comunico
que los médicos me han dicho hoy
que ya no hay esperanza,
y que la semana entrante
me internarán en el pabellón
de pacientes terminales.

Y aunque no entiendo y me rebelo
a estar tan joven muerta,
quiero que sepas, querido poeta,
que me alegra haberte conocido.
Te mando un beso,
y no olvides: Ni duelos ni lágrimas,
pues no me volverá a suceder.

LAS RISAS COMUNICANTES

Acaban de resonar en la calle,
entrar por la ventana
y despertar estas imágenes:

Altas, rubias, hermosas ambas,
elegantemente vestidas
caminan juntas del brazo
una mañana soleada de invierno
por una avenida de Chicago.

El que arrobado las mira
tiene veintidós años
y es su primer viaje
a un país extraño.

De pronto, las dos se han dicho algo
y estallan de la risa
hasta perder el paso
y doblarse en cuclillas
como muchos años más tarde,
en Manhattan, las tres caribeñas
por la Avenida de las Américas.

Y sorprende que entrevistas
en tan distintos tiempos y espacios,
ahora las cinco
coincidan en estas líneas
que al dictado de la memoria
traza la mano
alentando el deseo,
la gracia magnífica
de que ellas puedan toparse
y, ya sosegadas, hacerse amigas.

Aunque las dos primeras
probablemente hayan muerto
y las tres caribeñas
nunca más reaparezcan
y el joven viajero ahora no sea
sino un fisgón andariego
que, ya en la vejez,
se empecina en reunirlas
en la senda de la escritura.

Pero en ella pronto resulta claro
que apenas se las ve desde lejos,
y que en verdad no se escucha nada
de aquel canoro collar de risas
hace tiempo al paso desparramadas
y desaparecidas en el silencio.

OCTUBRE 2023

Hoy al amanecer mi ventana en Brooklyn
repentinamente me dijo
que retire las cortinas del luto
con que la siguen cubriendo,
pues quiere volver a ser ella
y ver el nacimiento de cada día,
el cielo tapizado de estrellas,
la luna llena que se queda
acompañándola como una vieja amiga,
el tamborileo del granizo en su pecho,
la nieve que, camino de fundirse
con su total ausencia,
la visita cada vez menos,
las nubes que aun pasan y vuelven
como las páginas de un libro,
la luz que ella encauza
mientras escribo lo que ahora me dicta
sin contemplar ya ningún futuro
ni abrirse a esperanza alguna.

GAZA

El dolor, el espanto indecible
de mujeres, jóvenes y niños palestinos.
La orfandad de ancianos
condenados al exilio. Atrás,
casas, escuelas y hospitales bombardeados,
familias sepultadas bajo escombros.
Y el ogro bíblico, sordo
aun a sus cínicos cómplices,
exhibiendo al mundo perplejo
su codicia y odio.

MURAL DE LA DESESPERANZA

El niño de piernas y brazos
amputados por la guerra en Irak.

Como una perversa correspondencia
entre el lenguaje y la realidad

los cuerpos despedazados
por un coche bomba en Bombay.

La masacre de indefensos
en un octubre fatídico

bajo la luz trémula de la ciudad
aimara: El Alto, en La Paz.

La siniestra pareja de tiranuelos
asolando la patria de Ernesto Cardenal.

El incesante cautiverio genocida
del pueblo palestino.

La tortuosa política norteamericana,
secuaz del demonio del exterminio.

Los huracanes, las inundaciones
y otros desmadres de la Tierra ultrajada.

Los feminicidios en México,
en Bolivia, en España, en dónde no.

La cacería y las cárceles de migrantes.
Ciudad Juárez, el incendio, el infierno.

Y el vuelco de las pateras en pleamar
velando cuerpos sin lápida ni nombre.

Entonces, ¿a qué continuar
si es siempre el mismo mural

de horror y luto que sin cesar
repetimos cada día hace siglos?

DE XAVIER URRUTIA MACHADO

Te escribo bañado no en lágrimas
sino en sudor y falto de aire.
Desde que te fuiste, el calor
nos va chamuscando como a gusanos.

No te imaginas tú cuántos
ríos y lagos ya se secaron,
ni los árboles que tumbamos
como naipes o fichas de dominó.

Vivir ahora se ha vuelto buscar
adónde y cómo emigrar. Los más
en pos de agua potable y pan; los ricos
tratando de encontrarla en Marte.

Aquí no hay lugar al que regresar.
Aun el cielo es un cántaro roto,
y yo, a mi pesar, empiezo a olvidarte.
No, no vuelvas, no seas loca,

Susana San Juan. ¿No oyes
cómo cruje la tierra en Ucrania,
y en el silencio el sollozo
de mujeres violadas?

DE LLAPALLAPANI

¿Sin este lago, adónde iremos?
ADRIÁN QUISPE

El lago Poopó, espejo
de nuestros ancestros,
mesa a lo largo de nuestras vidas,
años cercado por la sequía,
sorbido por el sol sediento
como una gotita de agua
acaba de desaparecer.
No volverá con las lluvias.

DE MI MADRE INMIGRANTE

¿Pero por qué, madre, Bolivia
y no Chile, ni Perú ni Argentina?

Nosotros qué sabíamos, hijo, cuál país era cuál.
Todos decían: ¡América, América!,
allí hay trabajo, se gana mucho dinero
y las familias viven bien.
Y había las cartas de los parientes
vecinos de nuestra casa en Belén,
que se habían aventurado a Bolivia
y nos alentaban a seguir sus pasos.

Yo tenía diecisiete años
y estaba casada con Hanna,
tuvimos a tu hermano Issa
y partimos los tres.

Fue un viaje largo, muy largo.
Tras pasar por Marsella y París
embarcamos con gentes de todas partes,
y apenas iniciamos el viaje
me vinieron horribles mareos
y vómitos constantes.

Pero en días claros y calmos
salíamos a la cubierta
a tomar sol y contemplar el mar.
El mar tan grande y hermoso
que yo le pedía a Dios
no ahogarme en el asombro.

Semanas después, hicimos escala
en Colombia, en Barranquilla,
y allí me di cuenta de que nunca
hablaría español sin acento,
pues no podía, como hasta hoy,
pronunciar sino a mi modo
el nombre del puerto.

Y navegando por el Pacífico
pasamos fríos feroces
y tormentas que daban terror.
¡Cuántos días y noches
el barco ladeándose como un ebrio,
yo amarrando a mi hijo a mi pecho
y con los ojos cerrados
encomendándome a San Jorge
mientras el mar enfurecido
se alzaba bramando como el dragón!

Tal vez fue por eso que, ya en Arica,
caminando en la estación
poco antes de abordar el tren
con destino a Oruro por fin,

me dio tanto gusto aprender
la palabra andén.

Entonces cruzamos la frontera
y entramos en el Altiplano
como en una casa sin puertas,
pura ventana y con tanto espacio y luz
como su cielo azul, más profundo
que los mares que atravesamos.
Y sin saber aun nombrarlas
vimos al atardecer la paja brava,
la tola y la yareta que ardían
dorándose como el trigo,
y las nubes bajas, blandas
como la pulpa de los higos en Palestina.

Ya cerca de la llegada,
como si una soñara despierta
apareció una montaña nevada
y alguien al lado dijo: Es el Sajama,
con una jota tan árabe
que yo escuché: ¡Marjaba, Marjaba!
y sentí que todo, caminos y caras,
nos daban la bienvenida;
y me eché a llorar, hijo,
a llorar de alegría,
diciéndome a mí misma:
Esta es tu tierra, Kerime,
tu nueva patria.
Y así fue.

CENIZA ARDIENTE

El amor era el vestido
que mejor le quedaba.

Camino lento, acezando
bajo un arduo sol de agosto
cuando de repente ella,
difunta hace no tiempo,
incendia mi memoria,
enardece mis venas,
inflama toda la sangre
de mi cuerpo envejecido.

Y segura de sí misma
me conduce a nuestro
espacio íntimo, secreto,
donde se baja la falda,
se quita, cuidadosa, las medias,
me pide que le ayude
a desatarse el corpiño
que, desdeñosa, arroja al piso,
y, dándose la vuelta
me descubre sus senos
que me sumergen
en un torrente de besos y llamas.

Doy la vuelta a la esquina,
trastabillo, me detengo
y, apoyándome en la pared,
avergonzado, le suplico
que ya no siga, que acepte
que ese cuerpo que entonces
junto con el de ella ardía
como arden dos leños,
ahora ya no es sino
parte de sus cenizas.

Pero ella no entiende.

RESCOLDOS

Me fui yo. Pero ella me dejó
el alma y el cuerpo
abrazados a su recuerdo
hasta hoy.

ARAWI

Qué memoria perseverante y pícara
en recordarme lo que yo le decía
cada vez que yacíamos desnudos,
y lo que ella, estremecida,
musitaba en mis oídos
antes de gemir y rodar los dos juntos.

UNDERWOOD PARK

A Antonio Mitre

Qué pronto hace diez años que son vecinos.
Cada mañana, tras pocos pasos
puede verlo, cruzarlo
o quedarse en un banco
toda una tarde leyendo un libro.

Pero este instante
la marea de la memoria
le trae su imagen de joven
en la casa de Cochabamba:

Está en su escritorio, solo,
mirando atónito
la máquina de escribir
que acaba de regalarle su padre.

Balbucea la marca Underwood,
temeroso de pronunciarla mal.
Le atrae y fascina su porte macizo
y sus piezas tan varias
como un pequeño laboratorio.

La levanta, la sopesa en las manos,
la pone en la mesa, toca una tecla
que salta como un delfín
y estampa en la página en blanco
una letra en azul. Y luego,
sin pensarlo, teclea otra y otra
hasta que lee:
Ferviente humo

Ahora, sentado en el banco de la vejez,
lee que Johns Underwood
nació en Londres, y que, adolescente,
emigró con su padre a Nueva Jersey
y, ya maduro, con ingenio innovador
puso el precioso instrumento
al alcance de innumerables manos
para años después mudarse
de Manhattan a esta colina de Brooklyn
donde edificó su mansión
que, tras su muerte, la esposa y la hija
la donaron para convertirla
en este paraíso de los niños
que hoy lleva su nombre.

Conmovido por la continua
mudanza de hombres y mujeres
y por las mutaciones
de un sitio en otro, cierro mi laptop.
Y observo en el atardecer
a jóvenes madres y nanas

que, animosas y cautas,
impulsan los columpios
hasta que llega la noche
y todo el parque enmudece.

Ya en mi escritorio, enciendo
la pantalla que alumbra
un árido silencio. De repente
se escucha por la ventana
que en la mansión vecina
alguien escribe a máquina
infatigablemente, como ensayando
letra tras letra, línea tras línea,
hasta que amanece.
Tras pocos pasos, diviso el parque
y —aún es verano— contemplo
la rotunda belleza de sus árboles.

ÍNDICE

Esta primera edición de *Aunque ya nada es lo mismo*
se acabó de imprimir en Madrid el día 17 de
septiembre de 2025, fecha del nacimiento de
William Carlos Williams en Rutherford,
New Jersey, 142 años antes.